AF246765

FRANÇOIS RICCI

NOTE

SUR LES

TARIFS DE LA LOI SALIQUE

Extrait de la *Revue historique,*
Tome C, année 1909.

(*Les tirages à part ne peuvent être mis en vente.*)

PARIS

1909

Fʀᴀɴçᴏɪs RICCI

NOTE

sᴜʀ ʟᴇs

TARIFS DE LA LOI SALIQUE

Extrait de la *Revue historique,*
Tome C, année 1909.

(*Les tirages à part ne peuvent être mis en vente.*)

PARIS
1909

NOTE

SUR LES

TARIFS DE LA LOI SALIQUE

La pratique de la « composition » est régulièrement signalée comme le trait essentiel et le caractère propre des lois que nous ont laissées les anciens peuples germains. En vieux droit germanique, les délits et les crimes se rachètent à prix d'argent. Tacite le dit expressément, Grégoire de Tours le répète et tous les textes le confirment. Il semble vraiment que cette « composition », ce rachat du sang n'aient existé qu'en Germanie et dans les vieux royaumes barbares.

Or, — et Fustel de Coulanges, entre autres, n'a pas eu de peine à le montrer, — la composition n'a rien de spécialement germanique. « On la trouve, dit-il, chez tous les peuples anciens. Elle est non le caractère d'une race, mais le caractère d'un état social[1]. » Ce n'est même pas assez dire. On trouve aussi la composition chez les peuples modernes. La famille de la victime qui, devant une de nos cours d'assises, « se constitue partie civile » et réclame une indemnité au meurtrier n'exige-t-elle pas en somme le prix du sang?

Chez nous, il est vrai, l'indemnité versée à la partie lésée en cas d'attentat contre les personnes n'est qu'une sanction annexe. La peine proprement dite est celle que la société, représentée par ses juges, inflige au coupable pour avoir enfreint les lois.

Mais, dans les vieilles sociétés germaniques, ce que nous appelons la « vindicte publique » existait bien déjà. Dès l'époque de Tacite, nous savons qu'une partie de la somme versée par le coupable (*pars mulctae*) était attribuée au fisc. D'après Savigny et Pardessus, qui se basent essentiellement sur le titre L de la Loi salique, cette *pars*

---

1. Fustel de Coulanges, *Histoire des institutions politiques de l'ancienne France; la monarchie franque*, p. 475.

mulctae, cette amende acquise au Trésor était égale au tiers de la somme totale.

Quelle que soit la proportion admise [1], nous devons constater qu'il y avait, sur ce point essentiel, entre le vieux droit germanique, le droit romain et notre propre code, une différence de degré plutôt qu'une différence de nature.

Les crimes et délits sont donc passibles : 1° d'une amende infligée au nom du roi. C'est ce que la Loi salique appelle le *fretum ;* 2° d'une composition ou indemnité attribuée à la partie lésée, la *faida* [2].

Voici, pourtant, des différences plus sensibles :

1° En cas de non composition, la famille exerçait le droit de poursuite et de vengeance. C'est là ce qui est, pour reprendre le mot de Fustel de Coulanges, le caractère d'un état social, de celui où l'autorité publique n'est pas assez forte pour punir elle-même les crimes.

2° Les lois germaniques, en particulier la Loi salique, fixent le montant des compositions. De même que nos codes portent des tarifs de pénalités, tant d'amende, tant d'emprisonnement, de réclusion... pour les diverses fautes, la Loi salique contient des tarifs de compositions : tant pour une blessure, tant pour le meurtre d'un *homo Romanus,* d'un Franc, d'un antrustion, d'un comte, etc.

Le fait paraît si bien établi, si peu contestable qu'on ne l'examine même pas. Montesquieu et Mlle de Lézardière, l'abbé Dubos et l'abbé de Gourcy, Pardessus et de Savigny, Fustel de Coulanges et M. Brunner, Fahlbeck et Thonissen l'énoncent sans le discuter, comme une sorte de vérité *a priori,* comme un dogme.

Tout récemment, la Loi salique et le wergeld ont été l'objet, surtout en Allemagne, d'études très approfondies. MM. Hilliger [3], Heck [4],

---

1. Nous ferons dès maintenant les réserves les plus expresses sur cette proportion du tiers qui est généralement admise. Le titre L de la Loi salique que l'on invoque spécialement est loin d'être démonstratif. Il s'applique au cas particulier d'un débiteur qui refuse d'acquitter sa dette. Le *grafio,* intervenant à la demande du créancier, fixe la somme que doit verser le débiteur récalcitrant et en retient le tiers pour le fisc. Le texte ne dit pas autre chose.

2. L'orthographe de la Loi salique et des autres textes législatifs du temps est fort capricieuse. C'est ainsi qu'on trouve *fretum, fredum, fritus, freta* et *faida, faidus, fœdus,* etc. Pour le sens étymologique de ces mots, on paraît s'en tenir aux propositions de Pardessus qui fait dériver *faida* de l'allemand *fehde,* querelle, parce que la composition y mettait fin (?); *fredum* viendrait de *frede,* paix (sans doute parce que l'amende l'établissait) !

3. *Der Schilling der Volksrechte und das Wergeld,* dans la *Historische Vierteljahrschrift,* 1903, p. 175 et suiv. et 453 et suiv.; et *Der Denar der Lex Salica, Ibid.,* 1907, p. 1 et suiv. et 160 et suiv.

4. *Standeproblem, Wergeld und Münzrechnung der Karolingerzeit,* dans la *Vierteljahrschrift für Social- und Wirtschaftsgeschichte,* 1904.

Vinogradoff[1], notamment, leur ont consacré de substantiels articles, se sont même livrés à des polémiques intéressantes et parfois assez vives. Mais les questions qui les occupent sont autres. Ils étudient les variations des monnaies aux diverses époques du haut moyen âge, insistent en particulier sur la grande réforme monétaire des temps carolingiens. Ils recherchent les répercussions que ces variations dans la valeur des monnaies durent avoir sur les tarifs de la Loi salique et s'appliquent à montrer que ces tarifs durent être abaissés. Ils étudient le sens du mot *solidus* et lui attribuent une valeur variable, distinguant, suivant les cas, un grand et petit *solidus*. C'est là une thèse admise, puis abandonnée par M. Heck, vigoureusement combattue par M. Vinogradoff.

Mais, tandis qu'ils déploient beaucoup d'ingéniosité et de science pour l'étude de ces divers problèmes, en somme secondaires, l'idée ne leur vient même pas d'examiner le problème fondamental, qui est le suivant : les tarifs contenus dans la Loi salique sont-ils bien des tarifs de compositions, exprimant le montant des sommes que le délinquant devait verser aux particuliers lésés par lui? Ne sont-ils pas plutôt des tarifs d'amendes dues au fisc en punition des délits ou des crimes commis? C'est ce problème que nous voudrions tenter de résoudre.

*   *
*

Un premier fait, au sujet duquel la discussion n'est guère possible, est le suivant : les tarifs de la Loi salique, toutes les fois qu'il s'agit de punir des atteintes portées à la propriété d'autrui, sont des tarifs d'amendes et non de compositions. Les preuves abondent :

Retenons d'abord la formule constamment employée : *Si quis...* suit l'énonciation du délit, *...n dinarios*[2] *qui faciunt n solidos, culpabilis judicetur*. Une telle formule indique bien déjà qu'il s'agit d'une peine et non d'une simple composition, d'une indemnité pouvant réparer le dommage subi.

La réserve introduite dans presque tous les articles, *excepto capitale et dilatura*, confirme cette manière de voir. Il n'y aurait évidemment pas lieu de prévoir en sus le remboursement du principal et des dommages si la somme mentionnée représentait une

---

1. *Wergeld und Stand*, dans la *Zeitschrift der Savigny-Stiftung für Rechtsgeschichte*, t. XXII, 1902; et *Zur Wergeldfrage*, dans la *Vierteljahrschrift für Social- und Wirtschaftsgeschichte*, 1905, p. 534 et suiv.

2. Nous nous dispenserons de mentionner les gloses malbergiques dans les citations que nous aurons lieu de faire.

composition, c'est-à-dire, par définition, une indemnité compensatrice.

Au titre II, *De furtis porcorum*, on lit[1], § 5 : « Si quis porcum bimum furaverit, DC dinarios qui faciunt solidos xv culpabulis judicetur, excepto capitale et dilatura », et § 6 : « Quo numero usque ad duos porcos *simili conditione* convenit observare. » Une telle disposition est admissible si le chiffre de « xv solidi » s'applique à une amende; celui qui vole deux porcs n'est évidemment guère plus coupable que celui qui en vole un seul. Elle serait inique s'il s'agissait d'une indemnité, car le dommage subi par celui qui a perdu deux porcs est double.

Plus loin, au même titre, § 7 : « Si vero tres *aut amplius* imbulaverit, MCCCC dinarios qui faciunt solidos xxxv culpabilis judicetur, excepto capitale et dilatura. » Une somme plus forte, quarante-trois *solidi*, n'est prévue que si le voleur s'est emparé de cinquante porcs au moins. Peut-on penser que la même composition soit due à celui qui a perdu trois porcs et à celui qui en a perdu quarante-neuf? Certainement non. On admettra au contraire sans peine qu'une amende fixe puisse être prévue pour celui qui vole un troupeau de porcs sans tenir grand compte du nombre des animaux qui constituaient ce troupeau.

Voici encore un autre article à retenir. Un individu est entré dans un endroit clos et s'est retiré sans rien prendre[2]. Doit-il une compensation à l'homme qu'il a tenté de voler, bien que cet homme n'ait subi aucun dommage? Cela paraît bien peu vraisemblable. Peut-il être puni par la Loi pour effraction et tentative de vol? Nous concevons bien que les Francs l'aient pensé. Ainsi, la somme, d'ailleurs très élevée[3], de trente sous d'or qu'on exigera, en vertu de la Loi, de ce voleur timide ou peu chanceux, nous ne pourrons la considérer que comme une amende.

Il semble vraiment inutile de multiplier les exemples[4]. Nous

---

1. Tous nos renvois se rapportent au texte 1 de l'édition Hessels et Kern.

2. « Si vero (fur) nihil tulerit aut fugiens evaserit, MCC dinarios qui faciunt solidos xxx culpabilis judicetur » (XI, 6).

3. Nous nous en tiendrons aux évaluations de M. Babelon. Selon ce savant, le terme *solidus* de la Loi salique s'appliquait à une monnaie d'or de 84 à la livre, soit 3 g. 89. C'est le *solidus gallicus;* le terme *denarius* désignait une pièce d'argent pesant environ 1 g. 30. C'est la même pièce que la 1/2 silique romaine, appelée simplement *argenteus* par Grégoire de Tours (cf. Babelon, *la Silique romaine, le sou et le denier de la Loi salique*, dans le *Journal des savants*, 1901; et du même, *Traité des monnaies grecques et romaines*, t. I, p. 581 et suiv.).

4. Cf. titres VIII (*De apibus furatis*), IX (*De danimo in messe*), XXIII (*De eo qui caballum alienum caballicaverii*).

admettrons donc comme certain que les tarifs figurant aux divers articles de la Loi salique sont des tarifs d'amendes toutes les fois que ces articles visent des attentats contre la propriété d'autrui.

En sera-t-il de même lorsque la Loi prévoit des attentats contre les personnes ?

Observons d'abord que, dans tous les cas, la formule employée est exactement la même : *Si quis, etc., ... culpabilis judicetur*. La seule différence est que, dans les cas d'attentats contre les personnes, le texte législatif n'exprime pas la réserve signalée plus haut, *excepto capitale et dilatura*. Cette différence n'a pas besoin d'être expliquée. Comment admettre que cette formule invariable vise une amende dans certains cas et une composition dans d'autres ? Dira-t-on que la maladresse des rédacteurs de la Loi salique et la pauvreté de leur vocabulaire latin suffisent à expliquer l'emploi d'une même formule pour désigner deux sanctions aussi différentes ? La lecture de la Loi ne permet guère de l'admettre. S'ils avaient eu à exprimer deux idées distinctes, les rédacteurs eussent employé deux formes différentes, quittes à commettre un barbarisme de plus.

Certains articles de la Loi salique relatifs aux attentats contre les personnes portent d'ailleurs en toutes lettres le mot *fretus*, amende. Ainsi, titre XIII, § 6 : « Si vero puella quae trahitur in verbum regis fuerit, *fritus* exinde MMD denarios qui faciunt sol. LXIII est. » La rédaction même de cet article est expressive. On vient d'examiner, dans les paragraphes précédents, diverses espèces de rapts, par trois hommes, par des hommes armés, etc., en formulant les sanctions habituelles ; puis la Loi stipule que si la jeune fille ainsi enlevée est *in verbo regis*, le *fretus*, l'amende sera de tant. Ne doit-on pas en conclure que les chiffres précédemment inscrits, trois *solidi*, cinq *solidi*, etc., désignaient également des amendes ?

On fera une remarque analogue à propos du § 5 du titre XXIV : « Si vero puer infra XII annos aliqua culpa committat, fretus ei nullatenus requiratur. » Il s'agissait dans les articles précédents de meurtres commis sur des enfants, sur des femmes, et le législateur indiquait, pour les divers cas, la somme à exiger du criminel ; puis, venant au cas où le coupable est un enfant, il établit que nulle amende ne sera exigée de cet enfant. N'est-il pas légitime d'en inférer que dans les articles précédents il s'agissait également d'amendes. Si inexpérimentés dans le maniement de la langue latine qu'on suppose ceux qui ont rédigé la Loi salique, l'emploi même de *vero* (*si vero puella, si vero puer*) suffirait presque à le démontrer.

Admettons cependant pour un instant le système traditionnel ; reconnaissons des tarifs de compositions dans les sanctions prévues par la Loi salique toutes les fois qu'il s'agit de crimes ou de délits contre les personnes. Nous allons nous heurter, en comparant les divers articles, à de criantes invraisemblances : un homme libre s'est permis de prendre la main d'une femme libre[1]. La Loi l'oblige à payer une somme de quinze sous d'or. A-t-il serré le bras de cette femme ? Trente *solidi*[2]. Sa main s'est-elle aventurée au-dessus du coude ? Trente-cinq *solidi*[3]. Sont-ce là des compositions et la victime devra-t-elle en bénéficier ? Ce serait bien peu moral et surtout ce serait vraiment bien payé.

Voici maintenant d'autres cas. Un homme a été frappé à la tête. Il a le crâne fracassé. Trois os (?) sont brisés et le cerveau est à nu[4]. Il n'en réchappera vraisemblablement pas. Qu'exigera la Loi de celui qui le mit en si mauvais point ? Trente sous d'or. C'est vraiment peu comme indemnité[5]. Un autre a eu l'abdomen ouvert et les organes internes sont atteints[6]. Le coupable devra trente *solidi*, plus cinq de frais médicaux, en tout trente-cinq *solidi*, juste autant que le personnage entreprenant de tout à l'heure qui avait serré le bras d'une femme au-dessus du coude.

Quelque différentes que fussent des nôtres les idées des contemporains de Clovis, il semblera vraiment inadmissible que la Loi ait prévu une composition ou indemnité aussi copieuse pour un dommage en somme fort mince[7] et une autre aussi maigre pour un dommage infiniment plus sérieux.

Admettons, au contraire, qu'il s'agisse non de compositions, mais

1. XX, § 1 : « Si quis ingenuus homo ingenue muliere manum vel brachio aut digito extrinxerit, cui fuerit adprobatum, sol. xv culpabilis judicetur. »

2. XX, § 2 : « Si brachium presserit, sol. xxx componat. »

3. XX, § 3 : « Certe si super cubitum manum miserit, mcccc dinarios qui faciunt sol. xxxv, culpabilis judicetur. »

4. XVII, § 3 : « Si quis alterum in caput plagaverit ut cerebrum appareat, et exinde tria ossa quæ super cerebro jacent, exierint, mcc dinarios, qui fac. sol. xxx, culp. jud. »

5. On observera que la Loi prévoit pour le meurtre d'un homme libre 200 *solidi*. S'il s'agit de compositions, on trouvera bien excessive la différence de traitement, 200 *solidi* pour racheter un meurtre, 30 pour une blessure mortelle.

6. XVII, § 4 : « Si vero inter costas fuerit aut in ventrem ita ut vulnus appareat et usque ad intrania perveniat, sol. xxx culp. jud. præter medicatura sol. v. »

7. Il ne semble pas que les Francs aient toujours été d'une susceptibilité excessive en ces matières si délicates. Si la loi est souvent sévère, les mœurs le sont moins. La lecture de Grégoire de Tours le montre assez. On retiendra par exemple l'histoire de ce malheureux Eulalius qui vint auprès de Gontran se plaindre de sa femme, « quæ eum spreverat, et ad Desiderium transierat. Sed in ridiculum et ad humilitatem redactus, siluit » (*Hist. Franc.*, l. viii, ch. 27).

d'amendes. On comprend très bien que la Loi frappe sévèrement l'homme qui s'est comporté grossièrement à l'égard d'une femme mariée. La Loi doit, dans l'intérêt public, faire respecter la famille et les bonnes mœurs; et le coupable ne peut guère invoquer d'excuses. Par contre, son indulgence relative s'explique à l'égard de l'homme qui, au cours d'une rixe, a frappé son adversaire, même mortellement. Dieu sait si de telles rixes étaient fréquentes alors; aujourd'hui même, notre code pénal se montre en somme peu sévère pour les délits correspondants : coups et blessures simples; coups et blessures ayant entraîné la mort sans l'intention de la donner.

Plusieurs articles de la Loi salique prévoient le versement de sommes plus ou moins fortes dans certains cas où le dommage éprouvé est nul. Un homme en a voulu frapper un autre et son intention de tuer était certaine; la Loi exige de lui soixante-trois *solidi*[1]. Celui-ci a lancé contre son adversaire une flèche empoisonnée. Il ne l'a pas atteint. Son intention de tuer était évidente, coût : soixante-trois *solidi*[2]. Un troisième a employé, pour se débarrasser d'un ennemi, des maléfices, d'ailleurs demeurés sans effet : soixante-trois *solidi*[3]. Peut-on dire que ces soixante-trois *solidi* seront alloués aux victimes (?) en réparation d'un dommage qui d'ailleurs n'existe pas? N'est-il pas évident que ce sont là des amendes, d'ailleurs très sévères, punissant le crime de tentative de meurtre?

La Loi salique prévoit encore au titre XXV, § 2, le cas où un homme libre et une jeune fille libre se sont unis de leur propre gré (évidemment en dehors du mariage). L'homme devra verser quarante-cinq *solidi*[4]. Amende? Je veux bien, pour la raison donnée plus haut, c'est-à-dire à cause de l'intérêt qu'a la société à faire respecter la famille et les bonnes mœurs. Composition? On voit mal cette *puella conveniens* recevant ses quarante-cinq *solidi* d'indemnité.

Il est classique d'observer que la Loi salique châtie avec une sévérité spéciale les attentats contre les personnes attachées au roi ou employées à son service : Romains « convives du roi », Francs faisant partie de la truste royale, grafions ou comtes royaux. Tous ont droit

1. XVII, § 1 : « Si quis alterum voluerit occidere, et colpus falierit, cui fuerit adprobatum, sol. LXIII culp. jud. »

2. XVII, § 2 : « Si quis alterum de sagitta toxigata percutere voluerit et prætersclupaverit, et ei fuerit adprobatum, sol. LXIII culp. jud. »

3. XIX, § 2 : « Si quis alteri maleficium fecerit, et ille cui factum fuerit evaserit, auctor sceleris qui hoc admisisse probatur sol. LXIII culp. jud. » On observera la disproportion entre cette somme de soixante-trois *solidi* et celle qu'on exige de l'homme qui a fracassé le crâne d'un autre (trente *solidi*).

4. XXV, § 2 : « Si quis, cum ingenua puella, spontanea voluntate, ambis convenientibus, mechati fuerint, MDCCC din. qui faciunt sol. XLV culp. jud. »

au triple tarif. S'agit-il de compositions? La triple sanction ne se conçoit guère, car enfin on ne voit pas pourquoi le fait que la victime appartenait au roi serait de nature à rendre plus sensible, *dans tous les cas*, le dommage éprouvé par sa famille. S'agit-il, au contraire, de sanctions exclusivement pénales, d'amendes? L'augmentation paraît toute naturelle. Un pouvoir organisé doit toujours faire respecter ses agents, et nous-mêmes nous punissons plus sévèrement les attentats contre les fonctionnaires dans l'exercice de leurs fonctions.

Nous trouvons une confirmation intéressante de cette doctrine dans le § 6 du titre XIII, que nous avons déjà mentionné. Il s'agit du rapt de la *puella in verbo regis*. Le rapt simple est puni d'amendes assez faibles. Mais si la jeune fille enlevée est *in verbo regis*, la somme à verser est de soixante-trois *solidi*. Ce n'est pas que le dommage soit plus fort et il n'y a pas lieu d'exiger une réparation pécuniaire plus élevée. La *puella in verbo regis* n'occupe pas un rang social éminent. C'est simplement la jeune fille qui n'a pas de parents pouvant exercer sur elle le *mundium*. Mais, comme elle est placée sous la protection royale, celui qui lui a fait violence a porté directement atteinte à la dignité du roi. D'où l'élévation du tarif. Mais cette élévation, encore une fois, n'est compréhensible que s'il s'agit d'une amende.

Les sommes prévues sont généralement triplées, non seulement dans le cas où la victime est au service du roi, mais encore lorsque l'assassin a tenté de dissimuler le cadavre en le couvrant de branchages, en le jetant dans un puits[1], ou encore lorsque l'assassinat est l'œuvre de plusieurs personnes[2]. Ce sont là des circonstances aggravantes qui justifient fort bien une augmentation de *peine*, mais il ne semble pas qu'elles puissent entraîner une composition plus forte, trois fois plus forte. Pourquoi la famille recevrait-elle, en sus du tarif normal, 400 *solidi* pour un simple homme libre, 1,200 pour un antrustion lorsque l'assassin a recouvert de branchages le corps de la victime? On se le demande vainement. De même, lorsqu'un homme a été assassiné par une bande armée, la famille n'a pas

---

1. XLI, § 2 : « Si vero eum in poteum aut sub aqua miserit, aut de ramnis aut de quibuslibet rebus celaturus texerit, xxiv M din. qui fac. solidos dc culpabilis judecetur. »

2. XLII, § 1 : « Si quis, colecto contubernio, hominem ingenuo in domo sua adsalierit, et sibi eum occiderit, si in truste dominica fuerit ille qui occisus est, lxxii M din. qui faciunt sol. mdccc culp. jud. » XLII, § 2 : « Si vero in truste dominica non fuit ille qui occisus est, xxiv M din. qui fac. sol. dc culp. jud. »

éprouvé pour cela un dommage plus sérieux que si l'assassinat avait été l'œuvre d'un seul. Or, la Loi prévoit le versement d'une somme triple par chacun des complices (*singillatim*[1], dit-elle expressément en un des articles relatifs au meurtre commis *in contubernio*). Amende? C'est parfait. Le crime n'est que plus odieux quand il est commis par une bande dont la réunion implique à peu près forcément le guet-apens[2]. D'ailleurs, l'existence même d'une bande armée étant toujours dangereuse pour l'ordre public, une répression sévère s'impose. Mais il ne peut s'agir ici de composition. Le résultat serait simplement de faire du meurtre *in contubernio* une opération très fructueuse pour la famille du mort.

Voici un autre cas où le tarif se trouve triplé. C'est lorsqu'un homme a été tué *in hoste*, à l'armée[3]. 600 *solidi* pour le simple guerrier; 1,800 pour l'antrustion. Pourquoi une telle augmentation s'il s'agit simplement de wergeld? Une atténuation aurait presque paru raisonnable, car enfin cet homme assassiné à l'armée avait des chances d'être tué par l'ennemi, auquel cas la famille eût tout perdu. Si la somme à payer est une amende, l'augmentation est au contraire toute naturelle. Le roi qui la prononce et doit en bénéficier a particulièrement intérêt, en présence de l'ennemi, à ne perdre aucun de ses soldats.

Le tarif s'élève également et atteint le chiffre de 600 *solidi* pour le meurtre d'un enfant, sans d'ailleurs que l'on prévoie de différences suivant le rang social occupé par la famille de cet enfant, ce qui eût paru raisonnable s'il s'agissait de compositions. Il me paraît impossible de justifier cette sévérité si remarquable de la sanction si l'on s'en tient à la théorie courante. Pourra-t-on croire que le dommage subi par la famille qui perd un enfant de moins de onze ans[4] soit supérieur au dommage éprouvé par une autre famille dont on a assassiné le père et le chef? Si, comme on le dit, les tarifs nous donnent le « prix de l'homme », n'est-il pas certain que la valeur d'un guerrier adulte dans une société toute militaire comme était la société franque devait être incomparablement plus élevée que celle d'un jeune enfant?

Il pourrait sembler légitime de présenter un raisonnement de tous points analogue à propos de la femme. Mais nous croyons, contrai-

---

1. XLIII, § 3.

2. « Si quis, *colecto* contubernio. »

3. LXII, § 1 : « Si quis hominem ingenuum in hoste occiderit et in truste dominica non fuit ille, qui occisus est, xxiv M din. q. f. sol. dc culp. jud. »

4. XXIV, § 1 : « Si quis puerum infra decem annos usque ad decimum plenum occiderit, cui fuerit adprobatum, xxiv M dinarios qui faciunt sol. dc culp. jud. »

rement à l'opinion habituelle, que le tarif appliqué au meurtre de la femme libre est seulement de **200** *solidi*, c'est-à-dire qu'il est égal au tarif de l'homme libre. Ceci déjà permet difficilement de considérer la pénalité prévue par la Loi comme une simple composition. Le « prix de la femme » dans une société telle que la société franque devait être certainement jugé inférieur au « prix de l'homme ».

On nous accusera sans doute de ne pas avoir lu le texte avec assez d'attention et de négliger ainsi un argument propre à renforcer notre thèse. Le § 6 du titre XXIV dit en effet expressément[1] que le meurtre de la femme sera passible d'une triple sanction, 600 *solidi*. Nous demanderons seulement de rapprocher cet article de celui qui vise le meurtre de la femme ayant passé l'âge d'avoir des enfants[2]. Ce cas figure au tarif pénal pour 200 *solidi* seulement. C'est donc là, pourrait-on dire, le tarif *net* punissant le meurtre de la femme. Le chiffre de 600 *solidi* ne s'applique que dans le cas où, — circonstance aggravante, — la femme est en âge d'être mère et peut par conséquent se trouver en état de gestation[3].

Quelle que soit la solution admise sur ce point particulier, il ne semble pas qu'on puisse nier la valeur de l'argument tiré du triple tarif appliqué au meurtre de l'enfant et du tarif simple, triple ou quadruple, visant le meurtre de la femme. Ces dispositions de la Loi salique ne sont compréhensibles que s'il s'agit d'amendes.

Tels sont les arguments qui nous ont paru propres à justifier notre thèse. Le lecteur a déjà pu en former six groupes principaux :

a) Emploi de la formule uniforme *culpabilis judicetur* et du mot *fretus* dans le texte même de la Loi.

b) Disproportion entre les sanctions qui punissent certains crimes ou délits si l'on considère ces sanctions comme des compositions. Cette disproportion cesse d'exister dès qu'on admet qu'il s'agit d'amendes.

c) Invraisemblance qu'il y ait eu composition lorsqu'il n'y a pas eu dommage.

---

1. « Si quis femina ingenua postquam coeperit habere infantes occiderit, xxiv M dinarios qui faciunt sol. DC culp. jud. »

2. XXIV, § 7 : « Post quod infantes non potuit habere, qui eam occiderit cc sol. culp. jud. »

3. Si l'état de grossesse était visible, l'assassin ayant commis un double crime, le tarif s'élève à 800 *solidi*, soit 200 pour la femme et 600 pour l'enfant : « Si quis femina ingenua et gravida trabaterit, si moritur, xxviii M din. qui fac. sol. DCCC culp. jud. » (XXIV, § 3). Nous ne nous flattons pas de donner ici une explication certaine des différences un peu déconcertantes établies par la Loi salique entre le meurtre de la femme *gravida*, de la femme *quae coepit habere infantes* et de la femme âgée. Nous nous contentons d'en proposer une à peu près vraisemblable.

d) Aggravation des sanctions dans le cas où le respect dû à l'autorité royale est en jeu; cette aggravation n'étant guère admissible que s'il est question d'amendes.

e) Impossibilité de comprendre la triple composition dans le cas où la famille n'a pas éprouvé un dommage sensiblement plus fort (cadavre dissimulé, etc.); la triple amende s'expliquant au contraire naturellement.

f) Invraisemblance absolue de la triple composition pour le meurtre de l'enfant et de la composition simple ou triple pour le meurtre de la femme; cette invraisemblance disparaissant s'il s'agit d'amendes.

*
* *

Il faut nous attendre à de graves objections. L'une des plus sérieuses, parce que directe et en quelque sorte matérielle, est l'emploi fréquent, dans le corps même de la Loi salique et dans les textes contemporains, des mots *componere*, *compositio* toutes les fois qu'il s'agit de la sanction d'un crime ou d'un délit. Le sens de ces mots ne paraît pas douteux. Ils doivent signifier évidemment s'entendre, s'arranger, arrangement (entre le meurtrier et la famille de sa victime).

A vrai dire, leur signification est loin d'être aussi constante. Fustel de Coulanges observe avec raison que ces mots sont en somme assez vagues. Quelques exemples montreront qu'il est impossible d'en tirer argument contre notre doctrine et que dans certains cas leur emploi la fortifierait plutôt.

Nous lisons, dans la Loi, titre XX, § 2 : « Si brachium presserit, xxx sol. *componat.* » La signification de *componere* paraît ici certaine. Il doit s'agir d'une indemnité que versera le délinquant. Mais reportons-nous au titre L : un homme ne veut pas tenir une promesse de paiement qu'il a faite : *si adhuc noluerit componere*, dit la Loi. Il ne saurait, dans ce cas, être question de composition. Dès lors, nous ne pouvons conserver la certitude que nous avait inspirée le mot *componat* qui figurait dans l'exemple précédent. Parcourons l'*Histoire des Francs* de Grégoire de Tours. Nous lisons au livre VII, § 3 : « Composuit tamen filius Saxo mortem ejus. » Le sens ne peut être douteux; il s'agit d'une composition, d'un arrangement entre l'assassin et la famille de sa victime. Mais, au paragraphe précédent du même livre, *componere* désignait un accord intervenu entre deux parties à la suite de dommages réciproques. Au livre IX, § 18, on voit les Bretons envahir le pays nantais, où ils commettent des dégâts. Le roi Gontran intervient et les Bretons promettent de *componere* pour 2,000 *solidi*. Le sens de ce verbe devient donc de plus en plus flottant.

Un autre passage de Grégoire de Tours montrera mieux encore l'élasticité de *componere*. Nous le trouvons au livre VII, § 47 : des meurtres successifs ont été commis à Tours. On a tenté de rétablir la paix[1]. Puis d'autres meurtres troublent encore la ville, Grégoire s'entremet et donne de bons conseils : « Et qui malum gessit, *componat*. Etsi illi qui *noxae* subditur minor est facultas, argento ecclesiae redimetur. » Voici donc le verbe *componere* employé à propos d'une amende, *noxa*.

Un troisième passage du même Grégoire (VI, 23) est encore plus instructif. A l'occasion de la naissance d'un fils, le roi Chilpéric « jubet omnes custodias relaxari, vinctos absolvi, *compositionesque* negligentum *fisco debitas* praecepit omnino non exigi ». Que peuvent être ces *compositions dues au fisc*, sinon des amendes?

Nous mentionnerons enfin un texte officiel tout aussi démonstratif[2]. Le roi déclare vouloir imposer à tous le repos dominical, et il ajoute : « Si quiscumque ingenuus... alia opera in die dominico facere praesumpserit, si Salicus fuerit, solidos quindecim *componat*... »

On ne saurait donc tirer un argument sérieux de l'emploi de *componere*. Dans le langage du temps, l'homme qui *componit* est simplement l'homme qui se met en règle avec la Loi ou avec les particuliers qu'il a lésés.

Une autre objection peut être tirée de ce que nous appellerions volontiers le consentement universel. Est-il possible qu'une erreur d'interprétation aussi forte ait pu être commise à propos d'un texte cité, invoqué depuis plus de dix siècles, commenté de nos jours par tant d'érudits, alors surtout que parmi les commentateurs figurent des hommes tels que de Savigny ou Fustel de Coulanges? Nous croyons pouvoir, dans une certaine mesure, l'expliquer.

Il faut distinguer ici entre le droit et le fait. Sous le régime de la Loi salique, l'État doit intervenir, par ses agents, chaque fois qu'un attentat a été commis et exiger des coupables des amendes plus ou moins élevées, suivant la gravité de la faute. Mais cette intervention n'a lieu, de toute évidence, que si l'État est organisé, armé, si sa justice fonctionne normalement. Ce fonctionnement régulier de la

---

1. « Dehinc, cum *in judicio civium* convenissent, et praeceptum esset ut Austregesilus qui homicidia erat ... *censura legali condamneretur...* » Ne doit-on pas noter en passant la forme même employée par Grégoire de Tours; ce jugement, cette condamnation n'éveillent-ils pas l'idée d'une peine véritable et non d'un simple accommodement?

2. *Decretio Childeberti*, § 14 (*Capitul. reg. Francorum*, éd. Boretius, t. I, p. 17).

justice a peut-être existé sous le règne de Clovis et de ses succes-
seurs immédiats. Mais, dès la seconde moitié du vi^e siècle, la situa-
tion se modifie fâcheusement. Grégoire de Tours nous montre Sige-
bert, Chilpéric, Gontran, ses contemporains, tantôt forts et justiciers,
tantôt, — plus souvent, — désemparés et impuissants. Or, le mal a
toujours empiré par la suite. Le désordre est devenu général, les
assassinats journaliers. L'État n'intervenant pas pour assurer la
répression des crimes, les intéressés ont été contraints d'agir seuls,
et, suivant les cas, de se venger ou d'accepter une composition pécuniaire et de faire la paix.

Les rois essaient bien d'empêcher la conclusion entre particuliers
de tels arrangements[1] qui, — entre autres conséquences, — les
privent d'une partie de leurs revenus. Childebert II, par exemple,
interdit la composition : « Non de pretio se redimat aut componat
(le meurtrier). » Mais l'anarchie générale et la faiblesse du pouvoir
royal rendaient inefficaces de telles défenses. Il aurait fallu, pour que
la Loi fût obéie, que la justice royale suivît son cours. Or, elle n'in-
tervenait plus.

Dès lors, l'habitude s'établit de considérer la composition, c'est-à-
dire le versement d'une somme d'argent à la partie lésée comme la
sanction régulière, normale, des délits et des crimes. Les annalistes,
témoins de meurtres innombrables dont la conséquence était toujours
soit une *vendetta*, soit un arrangement par composition, sans que
l'État, trop faible, s'en mêlât jamais, ont enregistré simplement les
faits et nous ont transmis cette opinion que dans les royaumes barbares les attentats contre les personnes se réglaient à prix d'argent
entre le meurtrier et la famille de la victime, en dehors de toute
intervention de la vindicte publique ; mais, légalement, sous le régime
de la Loi salique, c'est l'État qui punit ces attentats, et la réparation
pécuniaire due aux victimes ou à leurs familles n'est qu'une conséquence secondaire de la condamnation qu'il prononce.

Le montant de cette réparation pécuniaire n'était pas fixé par la
Loi, et, raisonnablement, il ne pouvait l'être. La réparation était
sans nul doute variable suivant les cas et devait faire l'objet de déci-
sions d'espèce. Nous en trouvons la preuve dans Grégoire de Tours
(VII, 47), si nous voulons bien lire le texte sans idées préconçues :
« Medietatem *pretii quod ei fuerat judicatum... quae judicaverunt...*

---

1. Nous nous sommes intentionnellement abstenus, pour ne pas étendre
encore les proportions de cette note, d'examiner les autres lois barbares. On
observera cependant que dans la Loi burgonde de Gondebaud et dans l'Édit de
Théodoric, la composition est interdite. L'État seul intervient pour assurer la
punition des criminels.

composuit... » De telles expressions ne sauraient être expliquées s'il existait un tarif fixe, une sorte de taxation automatique ne laissant place à aucun jugement véritable.

Les historiens qui se sont appliqués à l'étude des temps mérovingiens et de la Loi salique en particulier ont presque tous senti que le terrain se dérobait sous leurs pas. Ils ont eu vaguement la notion qu'une grave erreur était commise, mais, dominés par la conception traditionnelle, ils n'en ont pas voulu rechercher l'origine. C'est ainsi que Pardessus, dans sa *Dissertation XII*, établit que les différences dans le taux des compositions répondent à des différences dans l'état social, la valeur d'un homme haut placé étant évidemment supérieure à celle d'un simple particulier. Il constate cependant qu'il y a des inégalités ayant une autre origine (cas de l'enfant, de la femme, du cadavre dissimulé, etc.). Mais, après avoir mentionné le fait, qui le trouble évidemment, il tourne court et ne cherche pas à l'expliquer. S'il eût été moins timide ou moins dominé par une conception toute faite, il se fût rendu compte que ces élévations de tarifs ne sont explicables que si l'on prend pour critérium non l'étendue du dommage subi, mais la gravité de l'infraction, en d'autres termes, si les sommes inscrites représentent non des compositions, mais des amendes.

Guizot[1] se rend compte également que le système constamment admis conduit à des contradictions, à des invraisemblances, et que les élévations de tarifs ne sont pas justifiées par l'augmentation des dommages, mais il se borne à le constater.

Fustel de Coulanges ne dissimule pas ses perplexités : « Ces tarifs furent-ils établis à l'origine par l'autorité publique? Nos textes sont en contradiction sur ce point. Les deux lois franques présentent des tarifs fixes; *les formules de jugement montrent l'absence de tout tarif*. Dans ces formules, le chiffre de la composition est toujours laissé en blanc, parce qu'il n'y avait pas de chiffres déterminés d'avance. L'acte réel portait le chiffre sur lequel les deux parties étaient tombées d'accord[2]. Souvent, en effet, il est écrit dans l'acte que les deux parties sont *convenues du prix;* ou bien la partie qui l'a reçu écrit que *ce prix lui a plu*. Cette contradiction embarrasse[3]. »

---

1. *Essai sur l'histoire de France*, p. 192 et suiv.

2. A quoi bon des tarifs de compositions, si l'accord des parties est nécessaire pour fixer le montant de ces compositions? Nous persistons d'ailleurs à penser que la somme due par le coupable à la famille de sa victime était fixée par un jugement. Bien entendu, si les intéressés se sont mis d'accord par avance, le juge n'a qu'à ratifier leurs conventions.

3. Fustel de Coulanges, *op. cit.*, p. 494-495.

Pour que cette contradiction cesse d'embarrasser en cessant d'exister, il faut et il suffit que l'on admette le système que nous avons essayé de justifier et que nous résumerons ainsi :

En droit, d'après la Loi salique, les crimes et délits (contre la propriété ou contre les personnes) étaient passibles d'une double sanction : 1° sanction pénale, consistant à peu près invariablement dans le paiement d'une *amende* plus ou moins élevée suivant la gravité de la faute (*fretum*) ; 2° sanction civile, c'est-à-dire versement à la partie lésée d'une indemnité ou *composition* plus ou moins élevée suivant l'importance du dommage subi (*faida*). Le texte de la Loi nous fait connaître les tarifs des amendes destinées à réprimer les diverses infractions. Ce texte ne fixe pas le montant des indemnités ou compositions qui variaient suivant les cas et devaient faire l'objet de jugements spéciaux.

Nogent-le-Rotrou, imprimerie DAUPELEY-GOUVERNEUR.